새벽달과 현석샘이 함께하는

낭독하는
이솝우화

BOOK · 3

새벽달(남수진) · 이현석 지음 | 이솝 원작

차례

◆ **Book 3** ◆
오디오 음원 듣기

1

이솝우화 중 가장 널리 알려진
우화 8개가 이 책에 담겨 있습니다.

시작하기 전에 **핵심 단어**를
우선 점검해 보세요.

2

이솝우화를 **낭독에 최적화된 길이와 수준**으로 다시 썼습니다!
우화당 전체 길이는 150단어, 각 문장의 길이는 9-10단어로 맞추었습니다.

영어 수준은 **Flesch Reading Ease Scores**라는 기준을 통해
과학적으로 측정하여 **원어민 11세 수준**으로 맞추었습니다.
따라서 초보자도 쉽고 재미있게 낭독할 수 있습니다.

3 이현석 선생님의 강세와 청킹 가이드에 맞춰 더욱 유창하게 낭독해 보세요.

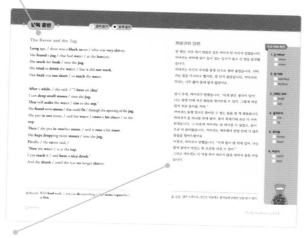

번역도 확인해 보세요! 한국어 낭독을 하는 것도 좋습니다.

4

이솝우화 내용과 교훈으로 토론할 수 있는 질문이 준비되어 있습니다. 꼭 '영어'로만 토론해야 하는 것은 아닙니다! 우리말로 토론하는 것도 문해력 향상에 큰 도움이 됩니다.

QR코드 영상을 통해 새벽달님과 이현석 선생님이 이 책을 활용하는 가장 좋은 방법을 직접 설명해 드립니다!

Fable
1

The Raven and the Jug
까마귀와 물병

The Raven and the Jug

Long ago, there was a black raven
who was very thirsty.
She found a jug that had water at the bottom.
She stuck her beak into the jug.
She tried to drink the water, but it did not work.
Her beak was too short to reach the water.

After a while, she said,
"I have an idea!
I can drop small stones
into the jug. That will
make the water rise
to the top."

She found some stones
that could fit through
the opening of the jug.
She put in one stone,
and the water came
a bit closer to the top.

Then she put in another stone,

and it rose a bit more.

She kept dropping more stones into the jug.

Finally, the raven said,

"Now the water is at the top.

I can reach it and have a nice drink."

And she drank until she was no longer thirsty.

🔖 **Moral** With hard work,
you can do something that seems impossible at first.

The Raven and the Jug

Long ago, / there was a **black raven** / who was **very thir**sty.

She **found** a **jug** / that had **water** / at the **bott**om.

She **stuck** her **beak** / into the **jug**.

She **tried** to **drink** the **water**, / but it did **not work**.

Her **beak** was **too short** / to **reach** the **water**.

After a **while**, / she said, / "I **have** an i**dea**!

I can **drop small stones** / into the **jug**.

That will **make** the **water** / **rise** to the **top**."

She **found** some **stones** / that could **fit** / through the **opening** of the **jug**.

She put **in one** stone, / and the **water** / **came** a **bit clo**ser / to the **top**.

Then / she put **in an**other **stone**, / and it **rose** a bit **more**.

She **kept drop**ping more **stones** / into the **jug**.

Finally, / the **raven** said, /

"**Now** the **water** / is at the **top**.

I can **reach** it / and **have** a **nice drink**."

And she **drank** / until she was **no** longer **thir**sty.

🚩 **Moral** With **hard** work, / you can **do** something / that **seems** im**pos**sible / at **first**.

까마귀와 물병

먼 옛날, 아주 목이 말랐던 검은 까마귀 한 마리가 있었습니다. 까마귀는 바닥에 물이 들어 있는 입구가 좁고 긴 병을 발견했습니다.

까마귀는 자신의 부리를 물병 안으로 찔러 넣었습니다. 까마귀는 물을 마시려고 했지만, 잘 되지 않았습니다. 까마귀의 부리는 너무 짧아 물에 닿지 않았어요.

잠시 후에, 까마귀가 말했습니다. "내게 좋은 생각이 있어! 나는 물병 안에 작은 돌들을 떨어뜨릴 수 있어. 그렇게 하면 물이 위로 올라올 거야."

까마귀는 물병 입구로 들어갈 수 있는 돌을 몇 개 찾았습니다. 까마귀가 돌 하나를 안에 넣자, 물이 꼭대기에 조금 더 가까워졌습니다. 그 다음에 까마귀는 돌 하나를 더 넣었고, 물이 조금 더 올라왔습니다. 까마귀는 계속해서 물병 안에 더 많은 돌들을 떨어뜨렸어요.

마침내, 까마귀가 말했습니다. "이제 물이 맨 위에 있어. 나는 물에 닿아서 맛있는 한 모금을 마실 수 있어."

그리고 까마귀는 더 이상 목이 마르지 않을 때까지 물을 마셨습니다.

주요 단어 확인

1. 큰 까마귀
   - [ ] stone
   - [ ] raven

2. 맨 아래
   - [ ] opening
   - [ ] bottom

3. (새의) 부리
   - [ ] beak
   - [ ] jug

4. 올라오다
   - [ ] rise
   - [ ] fit

5. 목마른
   - [ ] thirsty
   - [ ] short

6. 찌르다
   - [ ] reach
   - [ ] stick

📍 **교훈** 많은 노력으로, 당신은 처음에는 불가능해 보였던 일을 할 수 있다.

1 **The raven showed great patience by putting in one stone at a time. Have you ever needed to be patient to get something you wanted?**

까마귀는 한 번에 한 개씩의 돌을 넣음으로써 대단한 인내심을 보여 주었습니다. 원하는 것을 얻기 위해 인내해야 했던 적이 있었나요?

2 **The raven in the story was thirsty. What would you have done if you were the raven and could not find any stone?**

이야기 속의 까마귀는 목이 말랐습니다. 만약 여러분이 까마귀이고 돌을 전혀 찾을 수 없다면 여러분은 어떻게 했을까요?

3 **What are the problems in your life now? How can you patiently and wisely solve them?**

지금 여러분의 삶에 있는 문제들은 무엇인가요? 어떻게 침착하고 현명하게 그 문제들을 해결할 수 있을까요?

4 **The raven in the story was alone. If she had a friend, could they have found an easier way to get the water? How?**

이야기 속의 까마귀는 혼자였습니다. 만약 까마귀에게 친구가 있었다면, 그들은 물을 더 쉽게 얻을 수 있는 방법을 찾을 수 있었을까요? 어떻게 할 수 있었을까요?

5 **Like the raven, many animals have to find their food and water. How would you survive if you had to find your food and water every day?**

까마귀와 같이, 많은 동물들은 자신들의 먹이와 물을 찾아야 합니다. 만약 여러분이 먹을 음식과 물을 매일 찾아야 한다면 어떻게 생존할 것 같나요?

Fable 2

The Dog in the Manger

구유 안의 개

The Dog in the Manger

There once was a dog who lived on a farm.
One day, the dog saw a manger full of hay
in the stable.
The dog was disappointed
that it was food for other animals, not him.
He jumped into the manger and lay down.

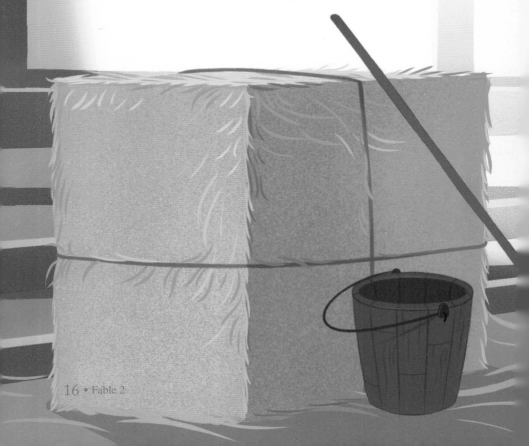

Soon, a cow and a horse came to eat some hay.
But the dog would not move out of the way.
"Dogs do not eat hay, so let us have it," said the horse.
"It is no use to you."
"Why are you lying in our hay? You need to move
so we can have our dinner," said the cow.

"I do not like to see others eating hay," said the dog.
"It is not a food for dogs. If I cannot have it,
then no one can. Go away!"

So, the horse and the cow left the stable
and had no dinner that evening.

> **⚑ Moral** If you do not need something,
> you should not stop others from having it.

The Dog in the Manger

There **once** was a **dog** / who **lived** on a **farm**.

One day, / the **dog** / **saw** a **man**ger **full** of hay / in the stable.

The **dog** was disap**point**ed / that it was **food** / for **other ani**mals, / **not** him.

He **jump**ed into the **man**ger / and lay **down**.

Soon, / a **cow** and a **horse** / **came** to **eat** some **hay**.

But the **dog** / would **not** / move **out** of the **way**.

"**Dogs** / do **not** eat **hay**, / **so** / **let** us **have** it," / said the **horse**.

"It is **no use** to you."

"**Why** are you **ly**ing / in our **hay**?

You **need** to **move** / **so** we can **have** / our **din**ner," / said the **cow**.

"I do **not** like to **see** others / **eat**ing **hay**," / said the **dog**.

"It is **not** a **food** / for **dogs**.

If I can**not have** it, / **then no** one / **can**. / **Go** away!"

So, / the **horse** and the **cow** / **left** the **stable** / and **had no** dinner / **that** evening.

◪ Moral If you do **not need** something, / you should **not** stop **others** / from **hav**ing it.

구유 안의 개

옛날에 농장에 살았던 개 한 마리가 있었습니다.
어느 날, 개는 마구간에서 건초로 가득한 구유를 보았습니다.
개는 그것이 자신이 아니라, 다른 동물들을 위한 먹이라서
실망했습니다.
개는 구유 안으로 뛰어 들어가 누웠습니다.

곧, 소 한 마리와 말 한 마리가 건초를 좀 먹으려고 다가왔습
니다. 하지만 개는 길을 비켜 주려고 하지 않았어요.
"개는 건초를 먹지 않아. 그러니 우리가 그것을 먹게 해 줘."
말이 말했습니다. "그건 너에게 아무 소용이 없어."
"너는 왜 우리 건초에 누워 있는 거야? 너는 우리가 우리의
저녁을 먹을 수 있게 비켜야 해." 소가 말했어요.
"나는 다른 동물들이 건초를 먹는 걸 보고 싶지 않아." 개가
말했습니다. "이건 개가 먹는 종류의 먹이는 아니지. 만약
내가 그것을 먹을 수 없다면, 그럼 아무도 먹을 수 없어. 저리 가!"
그래서, 말과 소는 마구간을 떠났고 그날 밤 저녁을 먹지
못했습니다.

주요 단어 확인

1. 마구간
- [ ] farm
- [ ] stable

2. 건초
- [ ] hay
- [ ] dinner

3. 실망한
- [ ] full
- [ ] disappointed

4. 눕다
- [ ] lie
- [ ] jump

5. 떠나다
- [ ] leave
- [ ] live

6. 여물통
- [ ] manger
- [ ] food

📕 **교훈** 만약 당신이 어떤 것이 필요 없다면, 다른 이들이 그것을 갖는 것을
막으면 안 된다.

1 The dog wanted the hay all to himself. Do you think it is fair to keep something all to yourself if you cannot use it? Why or why not?

개는 건초를 혼자 독차지하기를 원했습니다. 무언가를 사용할 수 없는데도 그것을 혼자 독차지하는 것이 공정하다고 생각하나요? 그렇다고 생각하거나 그렇지 않다고 생각한 다면 그 이유는 무엇인가요?

2 How do you feel when you see someone with something you cannot have? Would it be okay to steal it, like the dog in the fable?

여러분이 가질 수 없는 것을 누군가 갖고 있는 것을 볼 때 기분이 어떤가요? 우화 속의 개처럼, 그것을 훔치는 것은 괜찮을까요?

3 The dog did not share something he did not need. Unlike the dog, have you ever shared something you did not need? What happened by doing so?

개는 자신에게 필요가 없는 것을 나누어 주지 않았습니다. 개와는 달리, 여러분에게 필요 없는 것을 나누어 준 적이 있었나요? 그렇게 함으로써 어떤 일이 일어났나요?

4 If you were friends with the dog, how would you have explained why his actions were wrong?

만약 여러분이 그 개와 친구라면, 그의 행동이 왜 틀렸는지 어떻게 설명했을 것 같나요?

5 The horse and cow were not able to eat their dinner. How would they have felt?

말과 소는 저녁을 먹을 수 없었습니다. 그들의 기분은 어땠을까요?

Fable 3

The Fox and the Grapes

여우와 포도

The Fox and the Grapes

Once there was a fox walking through the forest.
He saw some grapes hanging up high.
He thought to himself,
"Those grapes look delicious.
I am getting hungry,
and they would be the perfect snack for me."

He wanted to eat the grapes,
but they were up very high.
He thought about how he could get the grapes.
"Maybe I can jump and reach the grapes," he said.
The fox jumped, but the grapes were too high.
He tried many times, but he did not even get close.

So, he said, "Actually, those grapes look too green.
I think they will be sour. I do not like sour grapes.
I only like sweet grapes.
I will find some better grapes for my snack."
Then the fox walked away without the grapes.
He did not really think that the grapes were sour.
He only said that after he could not reach them.

> **Moral** Do not pretend that you dislike something just because you cannot get it.

The Fox and the Grapes

Once / there was a **fox** / **walk**ing through the **fo**rest.

He **saw** some **grapes** / **hang**ing up **high**.

He **thought** to him**self**, / "**Those grapes** / look de**li**cious.

I am **get**ting **hun**gry, / and they would be the **perfect snack** / for me."

He **want**ed to **eat** the **grapes**, / but they were **up** / **very high**.

He **thought** about / **how** he could **get** the **grapes**.

"**May**be / I can **jump** / and **reach** the **grapes**," / he said.

The **fox jump**ed, / but the **grapes** / were **too high**.

He **tried many** times, / but he did **not** / even get **close**.

So, / he said, / "**Actually, those** grapes / **look** too **green**.

I **think** / they will be **sour**. / I do **not** like / **sour grapes**.

I **only** like / **sweet grapes**.

I will **find** some **bet**ter **grapes** / for my **snack**."

Then / the **fox** walked a**way** / with**out** the **grapes**.

He did **not** really **think** / that the **grapes** were **sour**.

He **only said** / that **after** he could **not** / **reach** them.

🏳 **Moral** Do **not** pre**tend** / that you dis**like** something / **just** because you

can**not** / **get** it.

여우와 포도

옛날에 숲속을 걷고 있던 한 여우가 있었습니다.
여우는 높은 곳에 매달려 있는 약간의 포도를 보았습니다.
여우는 혼자 생각했습니다. "저 포도는 맛있어 보이는 걸. 나는
배가 고파지려고 하니, 저 포도는 나에게 완벽한 간식거리가
될 거야."

여우는 포도를 먹고 싶었지만, 포도는 매우 높은 곳에 있었어요.
여우는 자신이 어떻게 포도를 딸 수 있을지에 대해 생각했습
니다.
"어쩌면 내가 점프를 해서 포도에 닿을 수도 있어." 여우가
말했어요.
여우는 뛰어올랐지만, 포도는 너무 높은 곳에 있었습니다.
여우는 여러 번 시도했지만, 가까이 갈 수조차 없었습니다.

그러자, 여우는 말했습니다. "사실, 저 포도는 너무 덜 익어
보여. 포도가 맛이 실 것 같아. 나는 신 포도를 좋아하지 않아.
나는 달콤한 포도만 좋아해. 나는 내 간식거리로 좀 더 맛있는
포도를 찾아낼 거야."
그러더니 여우는 포도를 따지 않고 가 버렸습니다. 여우는 그
포도가 정말로 시다고 생각하지는 않았어요. 여우는 자신이
그 포도에 닿을 수 없다는 것을 알고 나서 그렇게 말했을 뿐
이었습니다.

▌ **교훈** 단지 당신이 어떤 것을 가질 수 없다는 이유 때문에 그것을 싫어
하는 체하지 말라.

주요 단어 확인

1. **아주 맛있는**
   - [ ] hungry
   - [ ] delicious

2. **완벽한**
   - [ ] perfect
   - [ ] high

3. **~없이**
   - [ ] without
   - [ ] only

4. **도달하다**
   - [ ] reach
   - [ ] hang

5. **더 좋은**
   - [ ] close
   - [ ] better

6. **신, 시큼한**
   - [ ] green
   - [ ] sour

① **The fox jumped many times to get the grapes. If you were the fox, would you have tried like the fox? Or would you have immediately walked away because the grapes were too high?**

여우는 포도를 얻기 위해 여러 번 뛰어올랐습니다. 만약 여러분이 그 여우라면, 그 여우처럼 시도했을까요? 아니면 포도가 너무 높이 매달려 있으니 즉시 가 버렸을까요?

② **If you were the fox, would you also have said the grapes were sour or told the truth? Why do you think so?**

만약 여러분이 그 여우라면, 여러분 또한 그 포도가 시다고 말했을까요 아니면 진실을 말했을까요? 왜 그렇게 생각하나요?

③ **The fox made an excuse because he did not want to feel disappointed. Do you think the fox was truly happy to do this? Why or why not?**

여우는 자신이 실망하고 싶지 않았기 때문에 변명을 했습니다. 이렇게 해서 여우는 정말로 행복했을까요? 그렇다고 생각하거나 그렇지 않다고 생각하는 이유는 무엇인가요?

④ **The fox tried hard to get the grapes but failed. Has there been a time when you kept trying but failed?**

여우는 포도를 따기 위해 열심히 노력했지만 실패했습니다. 여러분이 계속 노력했지만 실패한 경험이 있었나요?

⑤ **The fox decided to find better grapes. Has there been a time when you had to find an alternative to what you originally wanted? How did it work out?**

여우는 더 좋은 포도를 찾아보기로 결심했습니다. 원래 원했던 것의 대안을 찾아야 했던 적이 있나요? 그 결과는 어땠나요?

Fable
4

The Wolves
and the Dogs

늑대들과 개들

The Wolves and the Dogs

One day, some wolves were talking to some dogs.
The wolves said,
"We are very similar animals.
You should come and live together with us."

"We need to stay on the farm," said the dogs.
"It is our job to protect the sheep from wolves.
The farmer needs our help."

"You do not need to work so hard for the farmer,"
said one of the wolves.

"That's right," said another.

"We can eat anything we want, and we do not work."

The dogs decided to give up their jobs.
They thought they could have an easy life
with the wolves.
So, they joined the wolves
and left the sheep without protection.

Once they were far from the farm, the group stopped.
The wolves said, "Now you are all alone,
so we are going to eat you."
The wolves attacked the dogs and ate them.

Moral Someone without loyalty and honesty deserves bad treatment.

The Wolves and the Dogs

One day, / some **wol**ves were **talk**ing / to some **dogs**.

The **wol**ves **said**, / "We are **very si**milar **an**imals.

You should **come** / and **live** to**ge**ther / with us."

"We **need** to **stay** on the **farm**," / said the **dogs**.

"It is our **job** / to pro**tect** the **sheep** / from **wol**ves.

The **farm**er / **needs** our **help**."

"You do **not** need to **work** so **hard** / for the **farm**er," / said **one** of the **wol**ves.

"That's **right**," / said a**no**ther.

"We can **eat** / **any**thing we **want**, / and we do **not work**."

The **dogs** / de**cid**ed to give **up** their **jobs**.

They **thought** / they could **have** an **easy** life / with the **wol**ves.

So, / they **join**ed the **wol**ves / and **left** the **sheep** / with**out** pro**tec**tion.

Once they were **far** / from the **farm**, / the **group stop**ped.

The **wol**ves said, / "**Now** you are **all alone**, / so / we are **go**ing to **eat** you."

The **wol**ves / at**tack**ed the **dogs** / and **ate** them.

Moral **Some**one with**out lo**yalty / and **ho**nesty / de**serves bad treat**ment.

늑대들과 개들

어느 날, 몇몇 늑대들이 몇몇 개들에게 이야기하고 있었습니다. 늑대들이 말했습니다. "우리는 아주 유사한 동물들이야. 너희들은 와서 우리와 함께 살아야 해."

"우리는 농장에 남아 있어야 해." 개들이 말했어요. "늑대들로부터 양들을 지키는 것이 우리 일이야. 농부는 우리의 도움이 필요해."

"너희들은 농부를 위해 그렇게 열심히 일할 필요가 없어." 늑대들 중 한 마리가 말했습니다.

"맞아." 다른 한 늑대가 말했습니다. "우리는 우리가 원하는 것은 무엇이든 먹을 수 있고, 일도 하지 않아."

개들은 자신들의 일을 그만두기로 결정했습니다. 개들은 자신들이 늑대들과 편안한 생활을 할 수 있을 것이라고 생각했어요.

그래서, 개들은 늑대들에게 합류했고 양들을 보호하지 않고 내버려 두었습니다.

자신들이 농장에서 멀어지자, 무리는 멈춰 섰습니다. 늑대들이 말했어요. "너희들은 이제 혼자이니, 우리는 너희들을 잡아먹을 거야."

늑대들은 개들을 공격했고 모두 잡아먹었습니다.

주요 단어 확인

1. 머무르다
- [ ] stay
- [ ] live

2. 비슷한, 유사한
- [ ] right
- [ ] similar

3. 포기하다
- [ ] work
- [ ] give up

4. 지키다
- [ ] need
- [ ] protect

5. 가담하다
- [ ] join
- [ ] talk

6. 공격하다
- [ ] stop
- [ ] attack

📌 **교훈** 충성심과 정직함이 없는 사람은 나쁜 대우를 받아 마땅하다.

1 **If you were the dogs, how would you have answered when the wolves said "You do not need to work so hard for the farmer"?**

만약 여러분이 개들이라면, 늑대들이 "너희들은 농부를 위해 그렇게 열심히 일할 필요가 없어"라고 말했을 때 어떻게 대답했을 것 같나요?

2 **The dogs got tempted by the wolves' words. Have you ever been tempted to do something you knew was not right? What did you do?**

개들은 늑대들의 말로 인해 꾐에 빠졌습니다. 옳지 않다고 생각하는 일을 하라는 꾐에 넘어간 적이 있었나요? 어떻게 행동했나요?

3 **The dogs chose to leave the farm and join the wolves. What do you think about the dogs' decision?**

개들은 농장을 떠나 늑대들과 함께 가는 것을 택했습니다. 개들의 결정에 대해 어떻게 생각하나요?

4 **Like the dogs, sometimes we trust the wrong people. Have you ever trusted someone, and it turned out wrong? How did it make you feel?**

개들처럼, 우리는 종종 잘못된 사람들을 믿습니다. 누군가를 믿었는데, 결국 잘못된 적이 있었나요? 그 일로 인해 기분이 어땠나요?

5 **If you were a friend of the dogs, how would you have warned the dogs before the wolves came?**

만약 여러분이 그 개들의 친구라면, 늑대들이 오기 전에 그 개들에게 뭐라고 미리 알려주었을 것 같나요?

Fable
5

The Fox and the Lion

여우와 사자

The Fox and the Lion

Long ago, a fox went for a walk.

He saw a lion and was very surprised.

He had never seen a lion before.

The lion was very big, so the fox was frightened.

He ran away as fast as his legs could carry him.

The next day, the fox saw the lion again.
He said to the lion, "You look big and scary.
I think you will eat me."
He ran away from the lion again.
But as he ran, he thought,
"The lion did not try to eat me."

The fox saw the lion a few days later.

He did not run from the lion this time.

Instead, he said hello to the lion.

"I saw you here before,

but you do not seem big to me now," he said.

The fox did not feel afraid,

so he stayed with the lion.

They had a long and friendly chat.

> **📑 Moral** Sometimes things seem different after we know more about them.

The Fox and the Lion

Long ago, / a **fox** / **went** for a **walk**.

He **saw** a **lion** / and was **very** sur**pri**sed.

He had **never** / **seen** a **lion** be**fore**.

The **lion** was **very big**, / **so** / the **fox** was **fright**ened.

He ran a**way** / as **fast** as his **legs** / could **car**ry him.

The **next** day, / the **fox** / **saw** the **lion** a**gain**.

He **said** to the **lion**, / "You look **big** and **scar**y. / I **think** / you will **eat** me."

He ran a**way** / from the **lion** a**gain**.

But as he **ran**, / he **thought**, / "The **lion** / did **not** try to **eat** me."

The **fox** / saw the **lion** / a **few** days **later**.

He did **not run** / from the **lion** this time.

In**stead**, / he **said** hel**lo** / to the **lion**.

"I **saw** you **here** be**fore**, / but you do **not** / seem **big** to me **now**," / he said.

The **fox** / did **not** feel a**fraid**, / **so** / he **stay**ed with the **lion**.

They had a **long** / and **fri**endly **chat**.

⬜ Moral **Some**times / **things** seem **dif**ferent / after we **know** / **more** about them.

여우와 사자

옛날에, 한 여우가 산책을 갔습니다. 여우는 사자 한 마리를 보고 아주 놀랐습니다. 여우는 전에 사자를 한 번도 본 적이 없었어요. 사자는 매우 커서, 여우는 겁이 났습니다. 여우는 전속력으로 달아났습니다.

다음 날, 여우는 또 다시 사자를 보았어요. 여우는 사자에게 말했습니다. "너는 크고 무서워 보여. 네가 나를 잡아먹을 것 같아."
여우는 다시 사자에게서 멀리 달아났습니다. 하지만 달아나면서, 여우는 생각했어요. "사자는 나를 잡아먹으려고 하지 않았어."

여우는 며칠 후에 사자를 보았습니다. 여우는 이번에는 사자에게서 도망치지 않았습니다. 대신, 여우는 사자에게 인사를 했어요.
"나는 전에 여기에서 너를 봤는데, 너는 이제 나에게 그렇게 큰 것 같지 않네." 여우가 말했어요. 여우는 무섭다고 느끼지 않았고, 그래서 여우는 사자와 함께 머물렀습니다. 여우와 사자는 오래도록 친근한 잡담을 나누었습니다.

🔖 **교훈** 때때로 어떤 것들은 우리가 더 잘 알고 나면 달라 보인다.

주요 단어 확인

1. **무서운**
   - [ ] scary
   - [ ] big

2. **대신에**
   - [ ] long ago
   - [ ] instead

3. **친절한**
   - [ ] friendly
   - [ ] fast

4. **담소, 수다**
   - [ ] lion
   - [ ] chat

5. **겁먹은**
   - [ ] surprised
   - [ ] frightened

6. **~처럼 보이다**
   - [ ] seem
   - [ ] feel

1 At the end of the story, the fox is no longer scared of the lion. Is there someone you are scared of? Do you think you will not be scared of them in the future?

이야기의 끝에서, 여우는 더 이상 사자를 무서워하지 않습니다. 여러분이 무서워하는 사람이 있나요? 나중에는 그들을 무서워하지 않을 것이라고 생각하나요?

2 The fox thought the lion was mean because he looked scary. Have you ever thought someone was mean just because of how they looked? What was the situation like?

여우는 사자가 무서워 보였기 때문에 그가 못됐다고 생각했습니다. 누군가의 외모 때문에 그들이 못됐다고 생각해 본 적이 있었나요? 그 상황은 어땠나요?

3 The lion and fox became close. Do you have close friends who are very different from you? If so, how are they different from you? How did you become friends with them?

사자와 여우는 가까워졌습니다. 여러분은 여러분과는 아주 다른 친한 친구들이 있나요? 만약 그렇다면, 그들은 여러분과 어떻게 다른가요? 어떻게 그들과 친구가 되었나요?

4 The lion and the fox had a fun chat. What would they have talked about?

사자와 여우는 즐거운 잡담을 나누었습니다. 그들은 무엇에 대해 이야기를 나누었을까요?

5 If you were the lion, how would you have felt when you saw the fox run away from you?

만약 여러분이 사자라면, 여우가 도망가는 것을 보았을 때 어떤 기분이 들었을 것 같나요?

Fable
6

The Bear and
the Travelers

곰과 여행자들

The Bear and the Travelers

One day, two travelers were walking in the woods.
Suddenly, they saw a bear.
But the bear had not seen them yet.

The first traveler quickly climbed a tree.
The second traveler said,
"Please help me get up there, too."
The first man heard this, but he climbed up higher.
The man on the ground was afraid.
"I cannot climb," he said. "And I cannot run,
or the bear will see me."

He lay down on the ground, not moving at all.
The bear came and walked around the tree.
It came close to the second man,
but it did not attack him.

Finally, the bear left,
and the first man came down from the tree.
"I saw the bear talking to you.
What did it say?" he asked.
The second man said,
"The bear told me to stay away from a man
who does not help me."

⚑ Moral A person who is a true friend will always help you
in times of trouble.

The Bear and the Travelers

One day, / **two** travelers / were **walk**ing in the **woods**.

Suddenly, / they **saw** a **bear**.

But the **bear** / had **not seen** them **yet**.

The **first traveler** / **quickly climb**ed a **tree**.

The **se**cond **traveler** said, / "**Please help** me / get **up there**, **too**."

The **first** man / **heard** this, / but he climbed **up** / **high**er.

The **man** on the **ground** / was a**fraid**.

"I can**not climb**," / he said.

"And I can**not run**, / or the **bear** will **see** me."

He lay **down** / on the **ground**, / **not** mo**ving** at **all**.

The **bear came** / and **walk**ed around the **tree**.

It came **close** / to the second **man**, / but it did **not** / at**tack** him.

Finally, / the **bear left**, / and the **first** man / came **down** from the **tree**.

"I **saw** the **bear** / **talk**ing to you. / **What** did it **say**?" / he **ask**ed.

The **se**cond man said, /

"The **bear told** me / to stay a**way** from a **man** / who does **not help** me."

🚩 **Moral** A **per**son / who is a **true friend** / will **always help** you / in **times** of **trou**ble.

곰과 여행자들

어느 날, 두 여행자가 숲속을 걷고 있었습니다. 갑자기, 그들은 곰 한 마리를 보았습니다. 하지만 곰은 아직 그들을 보지 못했습니다.

첫 번째 여행자가 재빨리 나무에 올라갔습니다. 두 번째 여행자가 말했습니다. "제발 나도, 거기에 올라가게 도와주게." 첫 번째 남자는 이 말을 들었지만, 그는 더 높이 올라갔어요. 땅에 있던 남자는 무서웠습니다. "나는 올라갈 수가 없어." 그가 말했어요. "그리고 나는 도망갈 수도 없어, 그러니까 곰이 나를 볼 거야."

그는 땅에 드러누웠고, 일절 움직이지 않았습니다. 곰이 와서 나무 주위를 걸어 다녔습니다. 곰은 두 번째 남자에게 가까이 다가갔지만, 남자를 공격하지 않았습니다. 마침내, 곰은 떠났고, 첫 번째 남자는 나무에서 내려왔습니다. "나는 곰이 자네에게 이야기하는 것을 봤어. 곰이 뭐라고 했나?" 그가 물었어요.

두 번째 남자가 대답했습니다. "곰은 나에게 나를 도와주지 않는 사람을 멀리 하라고 말해 주었네."

주요 단어 확인

1. 첫, 첫 번째의
- [ ] first
- [ ] second

2. 갑자기
- [ ] one day
- [ ] suddenly

3. 아직
- [ ] yet
- [ ] at all

4. 여행자
- [ ] traveler
- [ ] bear

5. 오르다, 올라가다
- [ ] climb
- [ ] walk

6. 땅바닥
- [ ] wood
- [ ] ground

📍 **교훈** 진정한 친구인 사람은 어려울 때 항상 당신을 도와줄 것이다.

1 The first man did not help the second man. Has there been a time when someone did not help you when you needed help? How did you deal with the situation?

첫 번째 남자는 두 번째 남자를 도와주지 않았습니다. 여러분이 도움이 필요했을 때 누군가가 여러분을 도와주지 않았던 적이 있었나요? 그 상황을 어떻게 해결했나요?

2 Because the first traveler was scared, he did not help the second man. Do you think it is important for us to help others even when we are scared?

첫 번째 여행자는 두려웠기 때문에, 두 번째 남자를 도와주지 않았습니다. 여러분은 우리가 무서울 때조차 다른 사람들을 돕는 것이 중요하다고 생각하나요?

3 If you were the second man lying on the ground, how would you have felt?

만약 여러분이 땅에 누워 있던 두 번째 남자라면, 기분이 어땠을까요?

4 The bear did not harm the second man. Has there been a time when you were scared of something, but it turned out harmless?

곰은 두 번째 남자를 해치지 않았습니다. 여러분이 어떤 것을 두려워했지만, 그것이 해롭지 않은 것으로 밝혀진 적이 있었나요?

5 The bear told the second man that he should stay away from unhelpful people. Why is it important to have friends who help each other?

곰은 두 번째 남자에게 그를 도와주지 않는 사람들을 멀리해야 한다고 말했습니다. 서로를 돕는 친구들이 있는 것은 왜 중요한가요?

Fable
7

The Fox and the Stork

여우와 황새

The Fox and the Stork

A fox and a stork were friends.

One day, the fox invited the stork to dinner at his house.

"Thank you for inviting me," said the stork. "I would love that."

The stork went to the fox's house.

When the dinner started,
the fox put the food onto flat plates.
The stork had a long beak,
so he could not eat the food.

When the fox finished his dinner, he said,
"You did not eat anything.
You must not like it, so I will have it instead."
In the end, the fox ate both dinners.

Later, the stork invited the fox to dinner at his house.
At the start of the dinner,
the stork got the food ready.
He put it into jugs with long necks.
The fox did not have a long beak,
so he could not eat anything.
The stork laughed and ate both dinners.

🔖 **Moral** If you are unkind to others, they may soon be unkind to you.

The Fox and the Stork

A **fox** and a **stork** / were **friends**.

One day, / the **fox** / invited the **stork** to **din**ner / at his **house**.

"**Thank** you / for in**vit**ing me," / said the **stork**. / "I would **love** that."

The **stork** / **went** to the **fox's house**.

When the **din**ner **start**ed, / the **fox put** the **food** / onto **flat plates**.

The **stork** had a **long beak**, / **so** / he could **not eat** the **food**.

When the **fox** / **fin**ished his **din**ner, / he said, /

"You did **not** / **eat** anything. / You must **not** / **like** it, / **so** / I will **have** it in**stead**."

In the **end**, / the **fox** / **ate both** dinners.

Later, / the **stork** / invited the **fox** to **din**ner / at his **house**.

At the **start** of the **din**ner, / the **stork** / **got** the **food read**y.

He **put** it into **jugs** / with **long necks**.

The **fox** / did **not** have a **long beak**, / **so** / he could **not** / **eat** anything.

The **stork laugh**ed / and **ate both** dinners.

⎯⎯⎯⎯⎯⎯⎯⎯⎯⎯⎯⎯⎯⎯⎯⎯⎯⎯⎯⎯⎯⎯⎯⎯⎯⎯⎯⎯⎯⎯⎯⎯⎯⎯⎯⎯⎯⎯

🚩 **Moral** If you are un**kind** to **others**, / they may **soon** be un**kind** to you.

여우와 황새

여우와 황새는 친구였습니다. 하루는, 여우가 황새를 자신의 집으로 저녁 식사에 초대했습니다.

"나를 초대해 줘서 고마워." 황새가 말했어요. "그러면 나도 좋지."

황새는 여우의 집으로 갔습니다.

저녁 식사가 시작됐을 때, 여우는 음식을 납작한 접시에 담았습니다. 황새는 긴 부리를 가지고 있었고, 그래서 황새는 음식을 먹을 수 없었습니다.

자신의 저녁 식사를 끝마쳤을 때, 여우가 말했어요. "너는 아무것도 먹지 않았네. 너는 음식이 마음에 들지 않은 것이 틀림없어, 그러니 내가 대신 먹을게."

결국, 여우는 둘 모두의 저녁을 먹어 버렸습니다.

시간이 흐른 뒤, 황새가 여우를 자신의 집으로 저녁 식사에 초대했습니다.

저녁 식사 시작 무렵에, 황새는 음식을 차려 놓았습니다.

황새는 음식을 목이 긴 항아리에 담았습니다. 여우는 긴 부리가 없어서, 아무것도 먹을 수 없었어요.

황새는 비웃으며 둘의 저녁을 모두 먹었습니다.

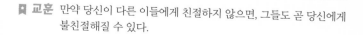
📍 교훈 만약 당신이 다른 이들에게 친절하지 않으면, 그들도 곧 당신에게 불친절해질 수 있다.

주요 단어 확인

1. 둘 다
☐ both
☐ ready

2. 초대하다
☐ invite
☐ start

3. (새의) 부리
☐ beak
☐ plate

4. 평평한
☐ flat
☐ long

5. 웃다
☐ finish
☐ laugh

6. 항아리
☐ dinner
☐ jug

1 In the fable, the fox tricked the stork first. Have you ever been tricked by someone? Or have you seen someone trick another person? How did you feel?

우화에서, 여우가 먼저 황새를 골탕 먹였습니다. 누군가에 의해 골탕 먹은 적이 있었나요? 혹은 누군가가 다른 사람을 골탕 먹이는 것을 본 적이 있었나요? 여러분의 기분은 어땠나요?

2 Why do you think the fox and the stork tricked each other?

여우와 황새가 왜 서로를 골탕 먹였다고 생각하나요?

3 Like the stork, have you ever felt frustrated because you could not do something? How did it make you feel?

황새처럼, 어떤 것을 할 수 없었기 때문에 좌절감을 느꼈던 적이 있었나요? 그것은 여러분에게 어떤 기분이 들게 했나요?

4 The fox and stork could not eat together. What would be a way they could have enjoyed their meals together?

여우와 황새는 함께 식사를 할 수 없었습니다. 그들이 함께 식사를 즐길 수 있는 방법은 무엇이었을까요?

5 The story does not tell us if the fox and stork continued to be friends. What do you think happened to their friendship after the dinners? Why do you think so?

이 이야기는 여우와 황새가 계속 친구로 지냈는지 말해 주지 않습니다. 그 두 번의 저녁 식사 후에 그들의 우정이 어떻게 되었을 거라고 생각하나요? 왜 그렇게 생각하나요?

Fable
8

The Man and the Bird

남자와 새

The Man and the Bird

There once was a bird who was very hungry.

She saw some food and started to eat it.

She did not realize that she was caught in a bird trap.

She tried to get out, but she could not do it.

Soon, a man came along to check the trap.
He was happy to find a fat bird inside.
The bird did not want the man to eat her.
She begged him for her freedom.

"If you let me go," she said,

"I can do something for you.

I will make my friends come into your trap.

Then you can eat many birds instead of just one."

"You would let your friends get hurt?" asked the man.

"That is a terrible thing to do,

and you must be a very bad bird indeed."

The man felt no pity for the bird.

He took her home and ate her for dinner.

🔖 Moral Someone who is evil does not deserve kindness in return.

The Man and the Bird

There **once** was a **bird** **/** who was **very hun**gry.

She **saw** some **food** **/** and **start**ed to **eat** it.

She did **not re**alize **/** that she was **caught** **/** in a **bird** trap.

She **tried** to get **out**, **/** but she could **not** **/** **do** it.

Soon, **/** a **man** came a**long** **/** to **check** the **trap**.

He was **hap**py to **find** **/** a **fat** bird in**side**.

The **bird** did **not** want the **man** **/** to **eat** her.

She **beg**ged him **/** for her **free**dom.

"If you **let** me **go**," **/** she said,

"I can **do some**thing **/** for you.

I will **make** my **friends** **/** **come** into your **trap**.

Then **/** you can **eat many** birds **/** in**stead** of **just one**."

"You would **let** your **friends** get **hurt**?" **/** asked the man.

"**That** is a **ter**rible thing to **do**, **/** and you **must** be **/** a **very** bad
bird in**deed**."

The **man felt** no **pity** **/** for the **bird**.

He **took** her **home** **/** and **ate** her for **din**ner.

🚩 **Moral** **Some**one who is evil **/** does **not** de**serve kind**ness **/** in re**turn**.

남자와 새

옛날에 몹시 배가 고팠던 새 한 마리가 있었습니다.
새는 약간의 음식을 보고 그것을 먹기 시작했습니다. 새는
자신이 새덫에 걸린 것을 알아채지 못했습니다. 새는 빠져나
오려고 했지만, 그럴 수 없었습니다.

곧, 한 남자가 덫을 확인하러 나타났습니다. 그는 안에서
통통한 새를 발견하고는 기뻤습니다. 새는 남자가 자신을 먹어
버리는 것을 원하지 않았습니다. 새는 그에게 자신을 놓아
달라고 빌었어요.
"만약 당신이 나를 놓아주면 말이죠." 새가 말했어요. "저는
당신을 위해서 무언가를 할 수 있어요. 제가 제 친구들을
당신의 덫 안으로 오게 유인할게요. 그러면 당신은 단 한 마리
대신 많은 새들을 먹을 수 있어요."
"너는 네 친구들이 다치게 놔둘 거라고?" 남자가 물었어요.
"그건 저지르기 끔찍한 짓이고, 너는 참으로 아주 나쁜 새가
틀림없어."
남자는 새에게 아무 동정심도 느끼지 못했습니다. 그는 새를
집으로 가져가서 저녁으로 잡아먹었습니다.

주요 단어 확인

1. 간청하다
- [ ] beg
- [ ] try

2. 끔찍한
- [ ] terrible
- [ ] fat

3. 깨닫다
- [ ] realize
- [ ] check

4. 자유
- [ ] thing
- [ ] freedom

5. 정말, 참으로
- [ ] soon
- [ ] indeed

6. 덫, 올가미
- [ ] trap
- [ ] pity

🔖 **교훈** 나쁜 사람은 보답으로 친절함을 기대할 자격이 없다.

1 The bird did not see the trap because she was hungry. Have you ever missed something important because you were in a hurry?

새는 배가 고팠기 때문에 덫을 보지 못했습니다. 너무 서둘렀기 때문에 중요한 것을 놓친 적이 있었나요?

2 In order to be free, the bird tried to make a deal with the man. If you were the bird, how could you have made the deal differently?

새는 자신이 풀려나기 위해서, 남자에게 제안을 하려고 했습니다. 만약 여러분이 그 새라면, 어떻게 다르게 제안을 했을까요?

3 The bird wanted to save herself by tricking her friends. Is it right to hurt others to save yourself? Why or why not?

새는 자신의 친구들을 속임으로써 자기 자신을 구하고 싶었습니다. 여러분 자신을 구하기 위해서 다른 사람들을 해치는 것은 옳은가요? 그렇거나 그렇지 않다면 그 이유는 무엇인가요?

4 The bird was trying to be wise, but she was unkind. Has there been a time when being kind led to a happy ending?

새는 영리하고자 했지만, 냉혹했습니다. 친절하게 행동했던 일이 기분 좋은 결말로 이어진 적이 있었나요?

5 Have you ever done something wrong to get out of trouble? What happened next?

곤경에서 벗어나기 위해 잘못된 일을 한 적이 있었나요? 그 다음에는 어떤 일이 일어났나요?

낭독하는 이솝우화 - BOOK 3

1판 1쇄 2023년 8월 15일
1판 3쇄 2024년 3월 11일

지은이 새벽달(남수진), 이현석, 롱테일 교육 연구소
원작 이솝 (Aesop)
책임편집 이서현 | **편집** 강지희
디자인 박새롬 | **그림** 김주연
마케팅 두잉글 사업본부

펴낸이 이수영
펴낸곳 롱테일북스
출판등록 제2015-000191호
주소 04033 서울특별시 마포구 양화로 113, 3층(서교동, 순흥빌딩)
전자메일 team@ltinc.net
롱테일북스는 롱테일㈜의 출판 브랜드입니다.

ISBN 979-11-91343-99-1 13740